Contenido

CAPÍTULO 1: LA IMPORTANCIA DE LA VISIÓN EN EL LIDERAZGO 3

CAPÍTULO 2: DESARROLLANDO LA INTELIGENCIA EMOCIONAL 5

CAPÍTULO 3: LA COMUNICACIÓN EFECTIVA COMO LÍDER 7

CAPÍTULO 4: LA TOMA DE DECISIONES BASADA EN VALORES 9

CAPÍTULO 5: GESTIÓN DEL CAMBIO Y ADAPTABILIDAD 11

CAPÍTULO 6: CONSTRUYENDO EQUIPOS DE ALTO RENDIMIENTO 13

CAPÍTULO 7: EL ARTE DE LA NEGOCIACIÓN Y LA INFLUENCIA 16

CAPÍTULO 8: LIDERAZGO ÉTICO Y RESPONSABILIDAD SOCIAL 18

CAPÍTULO 9: DESARROLLO DE LA RESILIENCIA PERSONAL 20

CAPÍTULO 10: LA GESTIÓN DEL TIEMPO Y LA PRODUCTIVIDAD 22

CAPÍTULO 11: INNOVACIÓN Y PENSAMIENTO CREATIVO 24

CAPÍTULO 12: LIDERAZGO SERVICIAL: PONER A OTROS PRIMERO 26

CAPÍTULO 13: LA GESTIÓN DE CONFLICTOS Y LA RESOLUCIÓN DE PROBLEMAS 28

CAPÍTULO 14: FOMENTANDO LA DIVERSIDAD E INCLUSIÓN 30

CAPÍTULO 15: EL PODER DE LA DELEGACIÓN EFECTIVA 32

CAPÍTULO 16: DESARROLLO DE UNA CULTURA DE FEEDBACK POSITIVO 34

CAPÍTULO 17: LA IMPORTANCIA DE LA AUTENTICIDAD EN EL LIDERAZGO 36

CAPÍTULO 18: CONSTRUYENDO Y MANTENIENDO LA CONFIANZA 38

CAPÍTULO 19: LA IMPORTANCIA DE LA AUTOCONCIENCIA 40

CAPÍTULO 20: DESARROLLANDO UNA MENTALIDAD DE CRECIMIENTO .. 42

CAPÍTULO 21: GESTIÓN DE LAS EXPECTATIVAS Y ESTABLECIMIENTO DE METAS 44

CAPÍTULO 22: LA IMPORTANCIA DE LA CURIOSIDAD Y EL APRENDIZAJE CONTINUO 46

CAPÍTULO 23: DESARROLLANDO HABILIDADES DE COACHING PARA LÍDERES 48

CAPÍTULO 24: LA IMPORTANCIA DE LA GRATITUD EN EL LIDERAZGO 49

CAPÍTULO 25: LIDERAZGO Y LA GESTIÓN DEL ESTRÉS 52

CAPÍTULO 26: LA IMPORTANCIA DE LA DISCIPLINA PERSONAL 54

CAPÍTULO 27: DESARROLLANDO LA INTUICIÓN PARA LA TOMA DE DECISIONES 56

CAPÍTULO 28: LIDERAZGO EN TIEMPOS DE CRISIS 58
CAPÍTULO 29: LA IMPORTANCIA DE LA HUMILDAD EN EL LIDERAZGO ... 60
CAPÍTULO 30: DESARROLLANDO LA CAPACIDAD DE INFLUIR SIN AUTORIDAD 62
CAPÍTULO 31: LA IMPORTANCIA DE LA CLARIDAD Y LA SIMPLICIDAD 64
CAPÍTULO 32: DESARROLLANDO LA PACIENCIA ESTRATÉGICA 66
CAPÍTULO 33: LIDERAZGO Y LA IMPORTANCIA DE LA PASIÓN 68
CAPÍTULO 34: LA IMPORTANCIA DE LA CONSISTENCIA EN EL LIDERAZGO 70
CAPÍTULO 35: DESARROLLANDO LA HABILIDAD DE ESCUCHAR ACTIVAMENTE 72
CAPÍTULO 36: LA IMPORTANCIA DE LA FLEXIBILIDAD Y LA APERTURA AL CAMBIO 74
CAPÍTULO 37: DESARROLLANDO LA HABILIDAD DE RECONOCER Y CELEBRAR LOGROS 76

Capítulo 1: La Importancia de la Visión en el Liderazgo

Desde las antiguas civilizaciones hasta las modernas corporaciones, la historia ha demostrado que los líderes con una visión clara y convincente son los que han marcado la diferencia. La visión es más que una meta; es una representación de nuestras aspiraciones más profundas, un cuadro de lo que podría ser, pintado con los pinceles de nuestras esperanzas y sueños.

El Poder de la Visión

Una visión poderosa actúa como una estrella polar, proporcionando dirección y propósito. Es la promesa de un futuro mejor que inspira a las personas a esforzarse más allá de sus límites percibidos. Cuando Martin Luther King Jr. pronunció su famoso discurso "I Have a Dream", no estaba simplemente compartiendo una meta, sino una visión que resonó con millones y catalizó un movimiento.

Desarrollando una Visión

Desarrollar una visión comienza con la introspección. ¿Qué es lo que realmente valoras? ¿Qué impacto quieres tener en el mundo? La visión debe ser ambiciosa pero alcanzable; desafiante pero realista. Debe ser lo suficientemente clara para ser entendida y compartida por todos, pero lo suficientemente flexible para adaptarse a los cambios.

Comunicando la Visión

Una vez que la visión está establecida, comunicarla efectivamente es crucial. Debe ser una narrativa constante en todas las comunicaciones del líder. Cada reunión, cada correo electrónico, cada decisión debe reflejar y reforzar la visión. Los líderes como Steve Jobs eran maestros en esto, utilizando cada oportunidad para infundir su visión en la cultura de Apple.

La Visión y la Motivación

La visión es una herramienta poderosa para motivar. Proporciona un sentido de propósito que va más allá de las tareas diarias. Cuando los empleados entienden cómo su trabajo contribuye a una visión más grande, se sienten más comprometidos y satisfechos. Esto es especialmente importante en tiempos de dificultad; la visión es el ancla que mantiene a la organización centrada y en curso.

Ejemplos de Visiones Transformadoras

Consideremos a John F. Kennedy desafiando a la nación a poner un hombre en la luna, o a Elon Musk con su visión de la colonización de Marte. Estas visiones no solo establecieron metas claras, sino que también impulsaron la innovación y el progreso tecnológico.

La Visión y el Líder

Un líder con visión es alguien que mira más allá del horizonte. Es alguien que ve oportunidades donde otros ven obstáculos, y posibilidades donde otros ven problemas. La visión del líder debe ser contagiosa, inspirando a otros a ver y creer en un futuro que aún no existe.

Conclusión

La visión es el arte de ver lo invisible. Es la semilla de la cual crecen todas las grandes realizaciones. Sin visión, los líderes son meros administradores, atrapados en la rutina de lo cotidiano. Con visión, se convierten en arquitectos del futuro, capaces de construir realidades que antes solo existían en la imaginación.

La visión es, por tanto, no solo una parte del liderazgo, sino su esencia misma. Es lo que distingue a un líder de un seguidor y lo que define el legado que un líder deja atrás. En última instancia, la visión es lo que hace posible lo imposible.

Capítulo 2: Desarrollando la Inteligencia Emocional

Introducción a la Inteligencia Emocional

La inteligencia emocional, un término popularizado por el psicólogo Daniel Goleman, se refiere a la habilidad de identificar y gestionar tanto nuestras emociones como las de los demás. Esta habilidad es fundamental para los líderes, ya que las emociones juegan un papel crucial en cómo interactuamos con otros, tomamos decisiones y enfrentamos el estrés.

Autoconciencia

El primer paso para desarrollar la inteligencia emocional es la autoconciencia. Es el conocimiento profundo de nuestras emociones, fortalezas, debilidades, valores y motivaciones. Un líder autoconsciente es capaz de reflexionar sobre sus acciones y decisiones, y entender cómo estas afectan a su equipo y entorno.

Autogestión

Una vez que somos conscientes de nuestras emociones, el siguiente paso es aprender a gestionarlas. La autogestión implica controlar impulsos, manejar el estrés de manera saludable, y mantener una actitud positiva incluso en situaciones adversas. Un líder que domina la autogestión puede mantener la calma y la claridad bajo presión.

Empatía

La empatía es la habilidad de entender y compartir los sentimientos de otro. En el liderazgo, la empatía permite crear conexiones profundas con el equipo, entender sus desafíos y motivaciones, y responder adecuadamente a sus necesidades. Un líder empático es visto como comprensivo y accesible, lo que fomenta un ambiente de trabajo positivo y colaborativo.

Habilidades Sociales

Las habilidades sociales son el componente final de la inteligencia emocional. Incluyen la capacidad de comunicarse claramente, resolver conflictos, inspirar y persuadir a otros, y construir relaciones duraderas. Un líder con fuertes habilidades sociales puede movilizar a su equipo hacia objetivos comunes y mantener una red de apoyo sólida.

Desarrollo Continuo

Desarrollar la inteligencia emocional es un proceso continuo. Requiere práctica, retroalimentación y la voluntad de salir de la zona de confort. Los líderes pueden mejorar su inteligencia emocional a través de la meditación, la reflexión, el coaching y la formación en habilidades de comunicación y resolución de conflictos.

Conclusión

La inteligencia emocional es más que una habilidad blanda; es una herramienta poderosa que puede transformar la manera en que lideramos, trabajamos y vivimos. Al desarrollar nuestra inteligencia emocional, no solo mejoramos nuestras relaciones y bienestar, sino que también aumentamos nuestra capacidad para liderar con compasión, claridad y coraje.

Capítulo 3: La Comunicación Efectiva como Líder

La Esencia de la Comunicación en el Liderazgo

La comunicación efectiva en el liderazgo trasciende el simple intercambio de información. Es el arte de transmitir visiones, valores y objetivos de manera que resuene con los demás. Un líder efectivo sabe que la comunicación es bidireccional; no solo habla, sino que escucha activamente, mostrando empatía y comprensión hacia las perspectivas de los demás.

Principios de la Comunicación Efectiva

Para comunicarse efectivamente, los líderes deben adherirse a ciertos principios:

Claridad: Ser claro y conciso evita malentendidos y mantiene a todos en la misma página.

Consistencia: Mantener un mensaje coherente refuerza la visión y los valores de la organización.

Autenticidad: Ser genuino y transparente fomenta la confianza y la credibilidad.

Empatía: Entender y reconocer las emociones de los demás mejora la conexión y la colaboración.

Feedback: Ofrecer y recibir retroalimentación constructiva es esencial para el crecimiento y la mejora continua.

Herramientas para Mejorar la Comunicación

Los líderes pueden emplear diversas herramientas para mejorar su comunicación:

Escucha Activa: Prestar atención completa al interlocutor, mostrando interés y respondiendo adecuadamente.

Lenguaje Corporal: Usar gestos y expresiones faciales para reforzar el mensaje verbal.

Storytelling: Contar historias que ilustren puntos clave y hagan que el mensaje sea memorable.

Preguntas Abiertas: Fomentar la participación y el diálogo a través de preguntas que inviten a la reflexión y la discusión.

Tecnología: Utilizar herramientas digitales para mejorar la comunicación a distancia y asegurar que todos tengan acceso a la información.

Desafíos Comunes en la Comunicación

Incluso los líderes más experimentados pueden enfrentar desafíos en la comunicación:

Barreras Culturales: Navegar por diferencias culturales y lingüísticas para asegurar que el mensaje sea entendido universalmente.

Resistencia al Cambio: Superar la reticencia de los equipos a aceptar nuevas ideas o direcciones.

Sobrecarga de Información: Evitar la fatiga de comunicación asegurándose de que los mensajes sean oportunos y relevantes.

Conclusión

La comunicación efectiva es vital para el liderazgo. No se trata solo de hablar y escuchar, sino de entender y conectar. Los líderes que dominan el arte de la comunicación pueden inspirar confianza, motivar a sus equipos y liderar con éxito hacia el logro de objetivos comunes.

Capítulo 4: La Toma de Decisiones Basada en Valores

Introducción

En un mundo lleno de opciones y caminos divergentes, la capacidad de tomar decisiones sabias y éticas es más crucial que nunca. Para los líderes, las decisiones que toman pueden tener un impacto significativo en la vida de las personas y el destino de sus organizaciones. Por lo tanto, es esencial que estas decisiones se basen en un conjunto sólido de valores.

Definiendo Valores

Los valores son los principios fundamentales que guían nuestro comportamiento. Son la brújula interna que nos orienta en la dirección correcta cuando nos enfrentamos a encrucijadas morales. En el contexto del liderazgo, los valores pueden incluir la integridad, la honestidad, la responsabilidad, el respeto, la equidad y la compasión.

El Proceso de Toma de Decisiones Basada en Valores

La toma de decisiones basada en valores implica varios pasos clave:

Identificación de Valores: Reconocer y definir claramente los valores personales y organizacionales.

Evaluación de Opciones: Considerar cómo cada opción se alinea con estos valores.

Análisis de Consecuencias: Reflexionar sobre las implicaciones a largo plazo de cada decisión para todas las partes interesadas.

Selección de Acciones: Elegir el curso de acción que mejor refleje los valores identificados.

Revisión y Reflexión: Evaluar las decisiones tomadas y aprender de ellas para futuras situaciones.

Valores en Acción

Los líderes que practican la toma de decisiones basada en valores a menudo encuentran que sus equipos son más comprometidos y motivados. Los empleados tienden a seguir líderes que actúan de acuerdo con sus valores, ya que esto crea un ambiente de trabajo en el que se sienten valorados y respetados.

Desafíos y Soluciones

La toma de decisiones basada en valores no está exenta de desafíos. A veces, los valores pueden entrar en conflicto, o las presiones externas pueden hacer que sea difícil mantenerse fiel a ellos. En estos casos, es importante que los líderes tengan un proceso claro y que busquen el consejo de mentores o asesores de confianza.

Conclusión

La toma de decisiones basada en valores es una práctica poderosa que puede transformar el liderazgo y la cultura organizacional. Al adherirse a un conjunto de valores claros, los líderes pueden navegar por el complejo mundo de la toma de decisiones con confianza y claridad, asegurando que sus acciones beneficien no solo a sus organizaciones, sino también a la sociedad en general.

Capítulo 5: Gestión del Cambio y Adaptabilidad

La Naturaleza del Cambio

El cambio es una constante en la vida y los negocios. Puede ser disruptivo y desconcertante, pero también es una oportunidad para el crecimiento y la innovación. Los líderes deben reconocer que la gestión del cambio no es un evento único, sino un proceso continuo que requiere visión, paciencia y persistencia.

Principios de la Gestión del Cambio

Para gestionar el cambio efectivamente, los líderes deben adherirse a ciertos principios:

Comunicación Clara: Informar a todos los interesados sobre la naturaleza del cambio, el 'por qué' detrás de él y cómo se implementará.

Participación Activa: Involucrar a los miembros del equipo en el proceso de cambio para fomentar la aceptación y el compromiso.

Apoyo y Formación: Proporcionar las herramientas y el entrenamiento necesarios para que los empleados se adapten a nuevas maneras de trabajar.

Gestión de Expectativas: Establecer expectativas realistas y prepararse para los desafíos que puedan surgir.

Celebración de Éxitos: Reconocer y celebrar los logros para mantener la moral alta y reforzar la cultura del cambio.

Desarrollando Adaptabilidad

La adaptabilidad es la habilidad de ajustarse rápidamente a nuevas condiciones. Los líderes adaptativos son proactivos, resilientes y abiertos a nuevas ideas. Fomentan la experimentación y el aprendizaje de errores, y ven el fracaso como una oportunidad para mejorar.

Cultura de Aprendizaje Continuo

Una cultura de aprendizaje continuo es fundamental para la adaptabilidad. Los líderes deben promover un entorno donde la curiosidad y la búsqueda del conocimiento sean valoradas y donde los empleados se sientan seguros para explorar y probar nuevas ideas.

Conclusión

La gestión del cambio y la adaptabilidad no son solo habilidades deseables, sino necesidades críticas en el liderazgo contemporáneo. Los líderes que dominan estas habilidades pueden navegar por el cambio con confianza, inspirar a sus equipos a abrazar nuevas oportunidades y asegurar que sus organizaciones no solo sobrevivan, sino que prosperen en un entorno en constante evolución.

Capítulo 6: Construyendo Equipos de Alto Rendimiento

Introducción

Los equipos de alto rendimiento son el motor de las organizaciones exitosas. Estos equipos se caracterizan por su capacidad para trabajar juntos hacia un objetivo común, superando obstáculos y logrando resultados excepcionales. La construcción de estos equipos es una de las responsabilidades más importantes de un líder.

Fundamentos de los Equipos de Alto Rendimiento

Para desarrollar un equipo de alto rendimiento, los líderes deben establecer una base sólida que incluya:

Objetivos Claros: Definir metas claras y alcanzables que proporcionen dirección y propósito.

Roles Definidos: Asegurar que cada miembro del equipo conozca su papel y cómo contribuye al éxito del equipo.

Confianza Mutua: Fomentar un ambiente donde la confianza sea la base de las relaciones de equipo.

Comunicación Abierta: Promover la transparencia y el intercambio de ideas sin temor a represalias.

Responsabilidad Colectiva: Establecer una cultura donde los logros y los fracasos sean compartidos por todos.

Liderazgo en Equipos de Alto Rendimiento

El liderazgo es clave en la formación y el mantenimiento de equipos de alto rendimiento. Los líderes efectivos:

Inspiran Visión: Comparten una visión clara que motiva y guía al equipo.

Empoderan a los Miembros: Delegan autoridad y fomentan la toma de decisiones independiente.

Fomentan la Innovación: Crean un espacio seguro para la experimentación y el aprendizaje.

Reconocen el Desempeño: Celebran los éxitos y proporcionan retroalimentación constructiva.

Desarrollan Habilidades: Invierten en el desarrollo profesional y personal de los miembros del equipo.

Cultura de Alto Rendimiento

Una cultura de alto rendimiento es aquella que valora la excelencia, el compromiso y la mejora continua. Para cultivar esta cultura, los líderes deben:

Modelar el Comportamiento: Ser un ejemplo de los valores y estándares que se esperan del equipo.

Fomentar la Colaboración: Incentivar el trabajo en equipo y la ayuda mutua.

Gestionar el Conflicto: Abordar los desafíos de manera constructiva y oportuna.

Mantener la Agilidad: Adaptarse rápidamente a los cambios y mantener al equipo enfocado en las prioridades.

Desafíos y Estrategias

Construir equipos de alto rendimiento no está exento de desafíos. Los líderes pueden enfrentar resistencia al cambio, conflictos interpersonales y presiones externas. Para superar estos desafíos, es crucial:

Comunicar Efectivamente: Mantener líneas de comunicación claras y consistentes.

Construir Resiliencia: Ayudar al equipo a desarrollar la capacidad de recuperarse de los reveses.

Promover la Diversidad: Valorar y aprovechar las diferentes perspectivas y habilidades.

Evaluar y Ajustar: Realizar revisiones periódicas y ajustar estrategias según sea necesario.

Conclusión

Los equipos de alto rendimiento son el resultado de un liderazgo intencional y prácticas de gestión enfocadas en la excelencia. Al seguir los principios y estrategias descritos en este capítulo, los líderes pueden construir equipos que no solo cumplan con sus objetivos, sino que también establezcan nuevos estándares de éxito.

Capítulo 7: El Arte de la Negociación y la Influencia

La negociación y la influencia son habilidades esenciales en todas las áreas de la vida. Este capítulo se sumerge en cómo podemos mejorar estas habilidades para lograr nuestros objetivos y fomentar relaciones positivas.

Entendiendo la Negociación

La negociación es un proceso de comunicación bidireccional diseñado para llegar a un acuerdo cuando tú y otra parte tienen algunos intereses compartidos y otros opuestos.

Principios de la Negociación Efectiva

Preparación: Conocer tus objetivos, alternativas, y la mejor alternativa a un acuerdo negociado (BATNA).

Escucha activa: Entender realmente lo que la otra parte necesita y quiere.

Comunicación clara: Expresar tus necesidades y deseos de manera directa y respetuosa.

Flexibilidad: Estar dispuesto a adaptarte y cambiar tu enfoque si es necesario.

Soluciones ganar-ganar: Buscar acuerdos que beneficien a ambas partes.

La Psicología de la Influencia

Comprender cómo las personas toman decisiones es clave para influir en ellas. Esto incluye el conocimiento de principios psicológicos como la reciprocidad, la consistencia, la prueba social, la autoridad, la escasez y la simpatía.

Tácticas de Influencia

Reciprocidad: La tendencia a devolver favores.

Compromiso y consistencia: La necesidad de ser coherente con lo que hemos dicho o hecho anteriormente.

Prueba social: La influencia de ver que otros hacen lo mismo.

Autoridad: La tendencia a seguir el liderazgo de figuras de autoridad.

Escasez: Valoramos más lo que es menos disponible.

Simpatía: Somos más influenciados por personas que nos gustan.

Negociación en la Práctica

Casos de estudio: Análisis de negociaciones históricas exitosas y fallidas.

Role-playing: Simulaciones de negociaciones para practicar habilidades.

Estrategias avanzadas: Técnicas como el "anchoring" y el "framing".

Construyendo Relaciones Duraderas

La negociación no termina cuando se llega a un acuerdo. Mantener y construir relaciones es esencial para futuras negociaciones exitosas.

Conclusión

Dominar el arte de la negociación y la influencia puede abrir puertas y crear oportunidades. A través de la comprensión, la práctica y la aplicación de estas habilidades, podemos lograr resultados extraordinarios.

Capítulo 8: Liderazgo Ético y Responsabilidad Social

El liderazgo ético y la responsabilidad social son pilares fundamentales para construir organizaciones sostenibles y sociedades justas. Este capítulo se enfoca en cómo los líderes pueden cultivar estas cualidades esenciales.

La Esencia del Liderazgo Ético

El liderazgo ético se basa en la integridad, la honestidad y el compromiso con la justicia. Es el arte de influir y guiar a otros con principios que promueven el bien común.

Principios del Liderazgo Ético

Integridad: Ser coherente en palabras y acciones.

Transparencia: Comunicar abierta y honestamente.

Equidad: Tratar a todos con justicia y sin prejuicios.

Responsabilidad: Asumir la responsabilidad de las decisiones y sus consecuencias.

Responsabilidad Social Corporativa (RSC)

La RSC se refiere a las prácticas empresariales que tienen en cuenta el impacto social, económico y ambiental de la empresa. Implica ir más allá del cumplimiento legal y contribuir activamente al bienestar de la sociedad y el medio ambiente.

Estrategias para Implementar la RSC

Iniciativas verdes: Reducir la huella de carbono y promover la sostenibilidad.

Inclusión laboral: Fomentar la diversidad y la igualdad de oportunidades en el lugar de trabajo.

Filantropía: Apoyar causas sociales y comunitarias a través de donaciones y voluntariado.

El Impacto del Liderazgo Ético y la RSC

Las organizaciones lideradas éticamente y con una fuerte RSC tienden a disfrutar de una mejor reputación, mayor lealtad de los empleados y clientes, y a menudo, un mejor desempeño financiero a largo plazo.

Desafíos y Soluciones

Conflictos de interés: Establecer políticas claras y mecanismos de control.

Presiones de rendimiento: Equilibrar las metas a corto plazo con la visión a largo plazo.

Cambio cultural: Crear una cultura organizacional que valore la ética y la responsabilidad social.

El Rol de los Líderes en la RSC

Los líderes deben ser los campeones de la RSC, estableciendo un ejemplo a seguir y motivando a otros a adoptar prácticas responsables.

Conclusión

El liderazgo ético y la responsabilidad social no son solo estrategias empresariales, sino compromisos personales que reflejan nuestros valores más profundos. Al adoptar estos principios, los líderes pueden inspirar cambio y tener un impacto positivo duradero en el mundo.

Capítulo 9: Desarrollo de la Resiliencia Personal

La resiliencia es la capacidad de recuperarse rápidamente de las dificultades; es una habilidad vital en un mundo que está en constante cambio y lleno de incertidumbres. Este capítulo se centra en cómo podemos fortalecer nuestra resiliencia personal.

Comprendiendo la Resiliencia

La resiliencia no es una cualidad innata, sino una habilidad que se puede desarrollar y fortalecer con práctica y determinación. Es la combinación de resistencia mental, emocional y física.

Factores que Contribuyen a la Resiliencia

- **Optimismo**: Mantener una perspectiva positiva frente a los desafíos.
- **Flexibilidad**: Adaptarse a nuevas situaciones y aprender de ellas.
- **Red de apoyo**: Contar con un sistema de apoyo sólido de familiares y amigos.

Estrategias para Desarrollar la Resiliencia

- **Autoconocimiento**: Entender tus propias reacciones y emociones.
- **Autocuidado**: Priorizar tu bienestar físico y mental.
- **Afrontamiento positivo**: Enfrentar los problemas de manera constructiva y proactiva.

La Resiliencia en Acción

- **Ejemplos de vida**: Historias de personas que han superado adversidades significativas.
- **Ejercicios prácticos**: Actividades diseñadas para fortalecer la resiliencia.

- **Herramientas y recursos**: Técnicas de mindfulness, diarios de gratitud y más.

Superando Obstáculos

La resiliencia nos ayuda a navegar por los obstáculos de la vida, aprendiendo y creciendo a partir de cada experiencia.

El Rol del Líder en la Resiliencia

Los líderes resilientes son capaces de guiar a otros a través de tiempos difíciles y fomentar un ambiente de fortaleza y adaptabilidad.

Conclusión

Desarrollar la resiliencia personal es un viaje continuo que nos prepara para enfrentar los desafíos de la vida con gracia y fortaleza. Al adoptar estas prácticas, podemos vivir una vida más plena y satisfactoria.

Capítulo 10: La Gestión del Tiempo y la Productividad

La gestión eficaz del tiempo y la mejora de la productividad son habilidades cruciales en un mundo acelerado. Este capítulo se centra en cómo podemos optimizar nuestro tiempo para lograr más con menos estrés.

Entendiendo la Gestión del Tiempo

La gestión del tiempo no se trata de hacer más cosas en menos tiempo, sino de hacer las cosas correctas de manera eficiente y efectiva.

Principios de la Gestión del Tiempo Efectiva

- **Priorización**: Identificar lo que realmente importa y dedicarle tiempo y recursos.
- **Planificación**: Establecer metas claras y diseñar un plan para alcanzarlas.
- **Delegación**: Saber cuándo y a quién delegar tareas para ser más eficiente.

Herramientas y Técnicas para Mejorar la Productividad

- **Método Pomodoro**: Trabajar en bloques de tiempo con descansos regulares.
- **Regla 80/20**: Concentrarse en el 20% de las tareas que producen el 80% de los resultados.
- **Técnica de los Cinco Segundos de Mel Robbins**: Superar la procrastinación tomando acción inmediata.

La Psicología de la Productividad

Comprender cómo funcionan nuestra motivación y hábitos puede ayudarnos a ser más productivos.

Superando la Procrastinación

- **Identificar las causas**: Entender por qué procrastinamos es el primer paso para superarlo.
- **Estrategias de afrontamiento**: Desarrollar técnicas para manejar la tendencia a posponer.

El Rol del Entorno en la Productividad

- **Espacio de trabajo**: Crear un entorno que fomente la concentración y la eficiencia.
- **Cultura organizacional**: Promover prácticas que apoyen la productividad colectiva.

Balance entre Vida y Trabajo

Gestionar el tiempo eficazmente también significa encontrar un equilibrio saludable entre el trabajo y la vida personal.

Conclusión

La gestión del tiempo y la productividad no son solo sobre trabajar más duro, sino sobre trabajar más inteligentemente. Al adoptar estas estrategias, podemos vivir una vida más equilibrada y satisfactoria.

Capítulo 11: Innovación y Pensamiento Creativo

La innovación y el pensamiento creativo son motores de cambio y progreso. Este capítulo explora cómo podemos desbloquear nuestro potencial creativo y fomentar una mentalidad innovadora.

Definiendo la Innovación y la Creatividad

- **Innovación**: La implementación de ideas nuevas o significativamente mejoradas.
- **Creatividad**: La capacidad de generar ideas originales y valiosas.

Elementos Clave del Pensamiento Creativo

- **Curiosidad**: Buscar activamente nuevas experiencias y conocimientos.
- **Apertura**: Estar dispuesto a considerar ideas y perspectivas diferentes.
- **Flexibilidad**: Adaptarse y pensar en alternativas y posibilidades.

Fomentando un Entorno Creativo

- **Espacios inspiradores**: Diseñar entornos que estimulen la creatividad.
- **Cultura de innovación**: Crear una cultura que valore y recompense la innovación.

Técnicas para Estimular la Creatividad

- **Brainstorming**: Generar muchas ideas sin juzgarlas inicialmente.
- **Pensamiento lateral**: Abordar problemas desde ángulos inusuales.
- **Mapas mentales**: Visualizar ideas y su interconexión.

La Innovación en la Práctica

- **Desarrollo de prototipos**: Crear versiones iniciales de productos o servicios para probar y mejorar.
- **Iteración**: Mejorar continuamente a través de ciclos de retroalimentación y refinamiento.
- **Adopción de tecnología**: Utilizar herramientas y tecnologías emergentes para impulsar la innovación.

Superando Bloqueos Creativos

- **Ejercicios de desbloqueo**: Actividades diseñadas para superar barreras mentales.
- **Descanso y diversión**: Reconocer la importancia del ocio y el juego en la creatividad.

El Rol del Líder en la Innovación

- **Modelo a seguir**: Ser un ejemplo de pensamiento creativo e innovador.
- **Facilitador**: Proporcionar recursos y apoyo para la experimentación.

Conclusión

La innovación y el pensamiento creativo son habilidades esenciales en el siglo XXI. Al fomentar estas habilidades, podemos resolver problemas complejos y crear un futuro más brillante y sostenible.

Capítulo 12: Liderazgo Servicial: Poner a Otros Primero

El liderazgo servicial se centra en el bienestar y el crecimiento de los demás. Este capítulo explora cómo los líderes pueden adoptar esta filosofía para crear entornos de trabajo más colaborativos y empáticos.

Definición de Liderazgo Servicial

- **Liderazgo servicial**: Un enfoque de liderazgo que prioriza las necesidades de los demás antes que las propias, buscando servir en lugar de ser servido.

Principios del Liderazgo Servicial

- **Escuchar activamente**: Prestar atención plena a las preocupaciones y necesidades de los demás.
- **Empatía**: Comprender y compartir los sentimientos de los demás.
- **Crecimiento de los demás**: Fomentar el desarrollo personal y profesional de los miembros del equipo.

Beneficios del Liderazgo Servicial

- **Cultura de confianza**: Construir relaciones basadas en la confianza y el respeto mutuo.
- **Mayor compromiso**: Los equipos con líderes serviciales tienden a mostrar un mayor compromiso y satisfacción laboral.
- **Mejora continua**: Un enfoque en el servicio lleva a una búsqueda constante de mejoras y aprendizaje.

Implementación del Liderazgo Servicial

- **Modelo a seguir**: Ser un ejemplo de servicio y dedicación.
- **Mentoría**: Ofrecer orientación y apoyo para el crecimiento de los demás.

- **Delegación efectiva**: Empoderar a otros para tomar decisiones y asumir responsabilidades.

Desafíos y Soluciones

- **Equilibrio entre servicio y dirección**: Encontrar el balance adecuado entre servir y dirigir.
- **Gestión de expectativas**: Asegurar que la intención de servir no se confunda con la incapacidad de tomar decisiones difíciles.

El Rol del Líder Servicial en Tiempos de Crisis

- **Apoyo y guía**: Ofrecer estabilidad y dirección durante tiempos inciertos.
- **Resiliencia**: Demostrar fortaleza y optimismo para inspirar a otros.

Conclusión

El liderazgo servicial es una poderosa forma de influencia que pone a las personas primero. Al adoptar este enfoque, los líderes pueden transformar sus organizaciones y fomentar un sentido de comunidad y propósito.

Capítulo 13: La Gestión de Conflictos y la Resolución de Problemas

En el camino hacia el éxito personal y profesional, nos encontramos inevitablemente con conflictos y problemas que requieren nuestra atención y resolución. La forma en que manejamos estos desafíos puede definir nuestro camino y afectar significativamente nuestras relaciones y bienestar.

La Naturaleza del Conflicto

El conflicto es una parte natural de la experiencia humana. Surge de diferencias en valores, motivaciones, percepciones, deseos o experiencias. Aceptar que el conflicto es una parte normal de la vida es el primer paso para manejarlo efectivamente.

Entendiendo las Perspectivas

Para resolver un conflicto, es esencial comprender las perspectivas de todas las partes involucradas. Esto no significa solo escuchar, sino también esforzarse por entender realmente el punto de vista del otro, incluso si no estamos de acuerdo con él.

Comunicación Efectiva

La comunicación es la herramienta más poderosa en la resolución de conflictos. Una comunicación clara, abierta y honesta puede prevenir malentendidos que a menudo conducen a conflictos. Es importante expresar nuestros pensamientos y sentimientos de manera que sean recibidos sin provocar defensividad.

Estrategias de Resolución

Existen múltiples estrategias para resolver conflictos, incluyendo la negociación, la mediación y, en algunos casos, el arbitraje. La clave es encontrar un terreno común y trabajar hacia una solución que sea aceptable para todas las partes.

La Importancia de la Ética y la Empatía

Actuar con integridad y empatía es crucial en la gestión de conflictos. Entender y respetar los sentimientos y posiciones de los demás, mientras se mantiene fiel a los propios principios éticos, puede llevar a resoluciones más duraderas y satisfactorias.

El Rol del Liderazgo

Los líderes juegan un papel vital en la resolución de conflictos. Deben ser capaces de identificar conflictos, entender las causas subyacentes y facilitar un proceso de resolución que promueva la armonía y la colaboración.

Construyendo Resiliencia

La resolución de conflictos también implica construir resiliencia. Aprender de los conflictos pasados y utilizar esas lecciones para manejar mejor los desafíos futuros es una parte importante del crecimiento personal y profesional.

Conclusión

La gestión de conflictos y la resolución de problemas no son solo habilidades necesarias, sino oportunidades para fortalecer las relaciones y fomentar un ambiente de trabajo colaborativo y respetuoso. Al abordar los conflictos con una mentalidad abierta y constructiva, podemos transformar los desafíos en oportunidades para el desarrollo y la mejora continua.

Capítulo 14: Fomentando la Diversidad e Inclusión

La diversidad e inclusión son más que solo políticas empresariales; son fundamentos que pueden transformar organizaciones y sociedades. Este capítulo explora cómo podemos crear entornos donde cada persona se sienta valorada y parte integral del todo.

Comprendiendo la Diversidad

La diversidad abarca las diferencias individuales en raza, género, edad, orientación sexual, discapacidad, religión, experiencia de vida y más. Reconocer y valorar estas diferencias es el primer paso hacia la inclusión.

La Inclusión como Práctica

La inclusión es la práctica de asegurar que todas las personas tengan acceso a las mismas oportunidades y sean capaces de contribuir plenamente a sus comunidades. Es un compromiso activo para reconocer y abrazar la diversidad.

Barreras para la Diversidad e Inclusión

A pesar de los avances, aún existen barreras que impiden la plena diversidad e inclusión. Estas pueden ser estructurales, como políticas y prácticas organizacionales, o interpersonales, como prejuicios y estereotipos.

Estrategias para Promover la Diversidad e Inclusión

Para superar estas barreras, se pueden implementar estrategias como programas de mentoría, capacitaciones en sesgo inconsciente, y políticas de reclutamiento inclusivo. La clave es la implementación consciente y deliberada de estas estrategias.

El Impacto de la Diversidad e Inclusión

Las organizaciones que abrazan la diversidad e inclusión no solo son más justas y equitativas, sino que también se benefician de una mayor creatividad, innovación y rendimiento.

El Rol de los Líderes

Los líderes tienen la responsabilidad de ser modelos a seguir en la promoción de la diversidad e inclusión. Deben liderar con el ejemplo, educar a otros y abogar por cambios significativos.

Construyendo Culturas Inclusivas

Crear una cultura inclusiva requiere un esfuerzo constante y la participación de todos los miembros de la organización. Es un proceso continuo que se nutre de la educación, la reflexión y la acción.

Conclusión

Fomentar la diversidad e inclusión es un viaje sin fin, pero uno que tiene el poder de transformar. Al comprometernos con estos principios, podemos construir un mundo donde cada persona tenga la oportunidad de alcanzar su máximo potencial.

Capítulo 15: El Poder de la Delegación Efectiva

La delegación efectiva es una herramienta clave para líderes y gerentes, permitiendo optimizar recursos y potenciar las habilidades del equipo. Este capítulo aborda cómo delegar de manera que empodere a los colaboradores y mejore la productividad.

Entendiendo la Delegación

La delegación no es simplemente asignar tareas; es un acto de confianza y reconocimiento de las capacidades de los demás.

Principios de la Delegación Efectiva

- **Claridad**: Definir objetivos y expectativas de manera precisa.
- **Adecuación**: Asignar tareas según las habilidades y experiencia de cada persona.
- **Autoridad**: Otorgar la autoridad necesaria para tomar decisiones pertinentes a la tarea.

Beneficios de la Delegación

- **Desarrollo de habilidades**: Fomentar el crecimiento profesional del equipo.
- **Eficiencia**: Mejorar la distribución de la carga de trabajo y la productividad general.
- **Liderazgo**: Reforzar la capacidad de liderazgo al enfocarse en tareas estratégicas.

Barreras para la Delegación

- **Micromanagement**: La tendencia a supervisar excesivamente puede socavar la delegación.
- **Miedo al fracaso**: La preocupación por los errores puede impedir la delegación efectiva.

Superando Obstáculos en la Delegación

- **Confianza**: Construir relaciones basadas en la confianza mutua.
- **Comunicación**: Mantener líneas de comunicación abiertas para el apoyo y la retroalimentación.

El Proceso de Delegación

- **Identificación de tareas**: Determinar qué tareas son delegables.
- **Selección de delegados**: Elegir a las personas adecuadas para las tareas.
- **Seguimiento y retroalimentación**: Evaluar el progreso y proporcionar retroalimentación constructiva.

El Rol del Líder en la Delegación

- **Modelo a seguir**: Demostrar buenas prácticas de delegación.
- **Mentoría**: Ofrecer orientación y apoyo para facilitar la delegación.

Conclusión

La delegación efectiva es una manifestación de liderazgo inteligente y considerado. Al delegar adecuadamente, los líderes pueden mejorar la eficiencia, desarrollar a su equipo y lograr mejores resultados.

Capítulo 16: Desarrollo de una Cultura de Feedback Positivo

El feedback positivo es una herramienta poderosa para el desarrollo y la mejora continua. Este capítulo se centra en cómo podemos establecer y nutrir una cultura que valore y utilice el feedback constructivo.

La Importancia del Feedback Positivo

El feedback positivo no solo reconoce los logros, sino que también motiva y guía el desarrollo futuro. Es esencial para un ambiente de trabajo saludable y productivo.

Principios del Feedback Positivo

- **Específico**: Ser claro y concreto sobre lo que se está elogiando.
- **Oportuno**: Dar feedback poco después de la acción para que sea más relevante.
- **Equilibrado**: Combinar elogios con sugerencias de mejora.

Creando un Entorno de Feedback Abierto

- **Modelo a seguir**: Los líderes deben practicar lo que predican al dar y recibir feedback.
- **Normas claras**: Establecer expectativas sobre cómo y cuándo se da el feedback.
- **Capacitación**: Enseñar a los empleados cómo dar y recibir feedback efectivamente.

Beneficios de una Cultura de Feedback

- **Mejora continua**: El feedback positivo fomenta la reflexión y el crecimiento personal.
- **Relaciones fortalecidas**: Un feedback constructivo puede mejorar la comunicación y la confianza.

- **Rendimiento mejorado**: Equipos que practican el feedback regularmente tienden a ser más eficientes y efectivos.

Superando Barreras para el Feedback

- **Miedo al conflicto**: Abordar la ansiedad que puede surgir al dar o recibir feedback.
- **Receptividad**: Fomentar una mentalidad abierta para aceptar el feedback.

El Proceso de Dar Feedback

- **Preparación**: Reflexionar sobre el propósito y los objetivos del feedback.
- **Comunicación**: Utilizar un lenguaje positivo y constructivo.
- **Seguimiento**: Discutir pasos y estrategias para la implementación de sugerencias.

El Rol del Líder en el Feedback

- **Facilitador**: Crear oportunidades para que el feedback fluya en todas las direcciones.
- **Mentor**: Ofrecer orientación y apoyo para interpretar y actuar sobre el feedback.

Conclusión

Desarrollar una cultura de feedback positivo es un proceso dinámico que requiere compromiso y práctica. Al fomentar esta cultura, podemos crear entornos donde todos se sientan valorados y empoderados para alcanzar su máximo potencial.

Capítulo 17: La Importancia de la Autenticidad en el Liderazgo

La autenticidad en el liderazgo es fundamental para construir relaciones genuinas y fomentar un ambiente de trabajo transparente y honesto. Este capítulo se centra en cómo los líderes pueden ser auténticos y por qué es crucial para su efectividad.

Definiendo la Autenticidad

La autenticidad es ser fiel a uno mismo, alineando acciones y palabras con valores y creencias personales. Es la honestidad aplicada a la interacción con los demás.

Beneficios de la Autenticidad

- **Confianza**: Los líderes auténticos inspiran confianza y lealtad en sus equipos.
- **Relaciones sólidas**: La autenticidad fomenta relaciones más profundas y significativas.
- **Mejor toma de decisiones**: La claridad en valores y principios conduce a decisiones más consistentes y éticas.

Desarrollando la Autenticidad

- **Autoconocimiento**: Comprender tus propios valores, fortalezas y debilidades.
- **Vulnerabilidad**: Mostrar tu humanidad y admitir errores cuando sea necesario.
- **Consistencia**: Mantener tus principios incluso cuando sea difícil.

Autenticidad y Diversidad

- **Inclusión**: Valorar y respetar las diferencias individuales dentro del equipo.
- **Modelo a seguir**: Ser un ejemplo de cómo la diversidad de pensamiento y experiencia enriquece el liderazgo.

Desafíos de la Autenticidad

- **Percepciones**: Manejar cómo los demás ven la autenticidad y sus implicaciones.
- **Equilibrio**: Encontrar el balance entre ser abierto y mantener la profesionalidad.

El Rol del Líder Auténtico

- **Inspiración**: Motivar a otros a ser también auténticos y abiertos.
- **Mentoría**: Guiar a otros en su propio viaje hacia la autenticidad.

Conclusión

La autenticidad es una cualidad invaluable en el liderazgo. Al ser auténticos, los líderes no solo mejoran su propia efectividad, sino que también crean una cultura de apertura y honestidad que puede transformar toda la organización.

Capítulo 18: Construyendo y Manteniendo la Confianza

La confianza es la base de todas las relaciones exitosas. Este capítulo se centra en cómo podemos construir confianza de manera efectiva y mantenerla a lo largo del tiempo.

La Naturaleza de la Confianza

La confianza es una creencia en la fiabilidad, verdad, habilidad o fuerza de alguien o algo. Es un elemento intangible, pero su presencia o ausencia se siente profundamente en todas las interacciones humanas.

Elementos Clave para Construir la Confianza

- **Integridad**: Ser honesto y coherente en tus acciones y palabras.
- **Competencia**: Demostrar habilidad y conocimiento en tu área de trabajo.
- **Consistencia**: Actuar de manera predecible y confiable a lo largo del tiempo.

Estrategias para Desarrollar la Confianza

- **Comunicación abierta**: Fomentar un diálogo honesto y transparente.
- **Vulnerabilidad controlada**: Compartir tus pensamientos y sentimientos de manera que invite a otros a hacer lo mismo.
- **Promesas cumplidas**: Asegurarte de cumplir con tus compromisos y expectativas.

Manteniendo la Confianza

- **Respeto mutuo**: Valorar y considerar las opiniones y necesidades de los demás.
- **Responsabilidad**: Aceptar tus errores y trabajar para corregirlos.

- **Apoyo**: Estar presente para otros, especialmente en tiempos difíciles.

Reconstruyendo la Confianza Rota

- **Reconocimiento del daño**: Aceptar y entender el impacto de las acciones que rompieron la confianza.
- **Proceso de reparación**: Tomar medidas concretas para reparar el daño y restaurar la confianza.
- **Paciencia**: Entender que la reconstrucción de la confianza lleva tiempo y esfuerzo.

El Rol del Líder en la Confianza

- **Modelo a seguir**: Ser un ejemplo de confiabilidad y transparencia.
- **Cultura de confianza**: Crear un entorno donde la confianza sea un valor compartido y practicado por todos.

Conclusión

Construir y mantener la confianza es un proceso continuo que requiere dedicación y compromiso. Al centrarnos en la integridad, la competencia y la consistencia, podemos establecer relaciones sólidas y duraderas que resistirán las pruebas del tiempo.

Capítulo 19: La Importancia de la Autoconciencia

La autoconciencia es el conocimiento profundo de nuestros pensamientos, emociones, motivaciones y comportamientos. Es una habilidad crítica que permite a los individuos entenderse a sí mismos y cómo interactúan con otros.

Comprendiendo la Autoconciencia

- **Definición**: Reconocer tus propios estados internos, preferencias, recursos e intuiciones.
- **Autoevaluación**: Aprender a observar y reflexionar sobre tus propias emociones y reacciones.

Beneficios de la Autoconciencia

- **Mejor toma de decisiones**: Entender tus motivaciones te ayuda a tomar decisiones más alineadas con tus valores.
- **Relaciones más fuertes**: La autoconciencia mejora la empatía y la comprensión en las relaciones.
- **Desarrollo personal**: Facilita el crecimiento personal y la autorregulación emocional.

Desarrollando la Autoconciencia

- **Mindfulness**: Practicar la atención plena para estar presente y consciente de tus pensamientos y sentimientos.
- **Diario personal**: Escribir regularmente sobre tus experiencias y emociones para descubrir patrones y gatillos.
- **Feedback**: Buscar retroalimentación constructiva de otros para obtener perspectivas externas.

Autoconciencia en Líderes y Coaches

- **Modelo a seguir**: Los líderes autoconscientes pueden guiar mejor a otros y fomentar un ambiente de apertura.

- **Coaching efectivo**: La autoconciencia permite a los coaches entender y conectar con sus clientes a un nivel más profundo.

Desafíos y Soluciones

- **Defensividad**: Aprender a aceptar críticas sin reaccionar defensivamente.
- **Autoengaño**: Reconocer y superar las narrativas internas que distorsionan la realidad.

El Rol de la Autoconciencia en el Cambio

- **Cambio conductual**: Usar la autoconciencia para identificar y modificar comportamientos no deseados.
- **Crecimiento continuo**: Ver la autoconciencia como una práctica de por vida para el desarrollo personal.

Conclusión

La autoconciencia es una piedra angular del desarrollo humano. Al fomentar esta habilidad, podemos vivir de manera más intencional, construir relaciones más significativas y liderar con mayor empatía y claridad.

Capítulo 20: Desarrollando una Mentalidad de Crecimiento

La mentalidad de crecimiento es la creencia de que nuestras habilidades y comprensión pueden desarrollarse con esfuerzo y dedicación. Este capítulo se centra en cómo podemos cultivar esta mentalidad para lograr nuestros objetivos y superar obstáculos.

Entendiendo la Mentalidad de Crecimiento

- **Definición**: Contrasta con la mentalidad fija, que asume que nuestras capacidades son estáticas.
- **Importancia**: La mentalidad de crecimiento nos permite ver los desafíos como oportunidades para aprender y crecer.

Principios de la Mentalidad de Crecimiento

- **Esforzarse por aprender**: Valorar el proceso de aprendizaje por encima del resultado.
- **Persistencia**: Mantener el esfuerzo a pesar de los obstáculos y fracasos.
- **Flexibilidad**: Estar dispuesto a cambiar de estrategia cuando algo no funciona.

Fomentando la Mentalidad de Crecimiento

- **Elogiar el esfuerzo**: Reconocer el trabajo duro y la dedicación más que los resultados.
- **Modelar el aprendizaje**: Compartir tus propias experiencias de aprendizaje y crecimiento.
- **Establecer metas desafiantes**: Animar a establecer objetivos que requieran esfuerzo y aprendizaje.

Mentalidad de Crecimiento en la Práctica

- **Ejercicios y actividades**: Proporcionar tareas que promuevan el pensamiento crítico y la solución de problemas.

- **Reflexión y autoevaluación**: Incentivar la reflexión sobre el propio proceso de aprendizaje.

Superando la Mentalidad Fija

- **Identificar creencias limitantes**: Reconocer y desafiar las ideas que nos impiden crecer.
- **Cambio de diálogo interno**: Transformar el diálogo interno negativo en uno que apoye el crecimiento.

El Rol del Líder en la Promoción de la Mentalidad de Crecimiento

- **Inspiración**: Motivar a otros a adoptar una mentalidad de crecimiento.
- **Apoyo**: Proporcionar recursos y oportunidades para el desarrollo personal y profesional.

Conclusión

Desarrollar una mentalidad de crecimiento es un viaje transformador que abre un mundo de posibilidades. Al abrazar esta mentalidad, podemos superar limitaciones percibidas y alcanzar niveles de éxito y satisfacción que nunca imaginamos posibles.

Capítulo 21: Gestión de las Expectativas y Establecimiento de Metas

La gestión de expectativas y el establecimiento de metas son habilidades esenciales para lograr objetivos y mantener la motivación. Este capítulo se centra en cómo podemos establecer metas realistas y gestionar nuestras expectativas para maximizar el éxito.

Comprendiendo la Gestión de Expectativas

- **Definición**: La habilidad de anticipar y controlar la percepción de los resultados futuros.
- **Realismo**: Ajustar nuestras expectativas a lo que es factible y alcanzable.

Beneficios de una Gestión de Expectativas Efectiva

- **Satisfacción**: Evitar la decepción al alinear expectativas con la realidad.
- **Motivación**: Mantener la motivación al tener expectativas claras y realistas.

Desarrollando el Establecimiento de Metas

- **Metas SMART**: Establecer metas Específicas, Medibles, Alcanzables, Relevantes y Temporales.
- **Planificación**: Diseñar un plan de acción detallado para alcanzar cada meta.

Estrategias para Gestionar Expectativas

- **Comunicación**: Ser claro y transparente sobre lo que se puede esperar.
- **Flexibilidad**: Estar preparado para ajustar las expectativas a medida que cambian las circunstancias.

Establecimiento de Metas en la Práctica

- **Visualización**: Usar la visualización para ver el éxito de las metas.
- **Seguimiento**: Monitorear el progreso y ajustar las metas según sea necesario.

Superando la Desilusión

- **Aceptación**: Reconocer que no todas las expectativas se cumplirán siempre.
- **Aprendizaje**: Ver cada experiencia como una oportunidad para aprender y crecer.

Conclusión

La gestión de las expectativas y el establecimiento de metas son procesos dinámicos que requieren atención y ajuste continuos. Al dominar estas habilidades, podemos mejorar nuestra capacidad para alcanzar el éxito y mantenernos motivados a lo largo del camino.

Capítulo 22: La Importancia de la Curiosidad y el Aprendizaje Continuo

Introducción

En un mundo que cambia rápidamente, la curiosidad y el aprendizaje continuo emergen como habilidades cruciales para el crecimiento personal y profesional. Este capítulo explora cómo fomentar la curiosidad y crear un hábito de aprendizaje a lo largo de la vida.

La Curiosidad como Motor del Aprendizaje: La curiosidad es la chispa que enciende la búsqueda de conocimiento. Es una cualidad innata que nos impulsa a explorar lo desconocido y a cuestionar lo establecido. Como expertos en coaching de vida, debemos alentar a nuestros coachees a abrazar su curiosidad natural y a ver cada pregunta como una oportunidad de aprendizaje.

Desarrollando la Mentalidad de Aprendizaje Continuo: El aprendizaje continuo es el proceso de adquirir nuevas habilidades o conocimientos de manera constante. Para desarrollar esta mentalidad, es esencial adoptar una actitud de humildad y reconocer que siempre hay algo nuevo que aprender, sin importar cuán experto se sea en un campo.

Estrategias para Mantener la Curiosidad Viva:

1. **Preguntas Poderosas:** Formular preguntas que desafíen las suposiciones y abran nuevas perspectivas.

2. **Exploración Activa:** Participar en actividades que expandan los horizontes, como viajar, leer, o asistir a talleres.

3. **Reflexión Profunda:** Tomarse el tiempo para reflexionar sobre las experiencias y lecciones aprendidas.

Beneficios del Aprendizaje Continuo: El aprendizaje continuo no solo enriquece nuestro conocimiento, sino que también mejora nuestra adaptabilidad, aumenta nuestra red de contactos profesionales y abre puertas a nuevas oportunidades.

Conclusión: La curiosidad y el aprendizaje continuo son fundamentales para mantenerse relevante y competitivo en cualquier campo. Como conferencistas motivacionales, nuestro rol es inspirar a otros a nunca dejar de aprender y a mantener viva la llama de la curiosidad.

Capítulo 23: Desarrollando Habilidades de Coaching para Líderes

Introducción

El liderazgo efectivo es esencial en cualquier organización. Este capítulo se centra en cómo los líderes pueden desarrollar habilidades de coaching para mejorar su liderazgo y fomentar un ambiente de crecimiento y desarrollo continuo en sus equipos.

El Rol del Líder como Coach: Un líder con habilidades de coaching no solo dirige, sino que también inspira, motiva y empodera a su equipo. El líder-coach adopta un enfoque centrado en la persona, facilitando el desarrollo personal y profesional de los miembros del equipo.

Habilidades Clave de Coaching para Líderes:

1. **Escucha Activa:** Prestar atención completa al interlocutor, entendiendo no solo las palabras, sino también los sentimientos y pensamientos subyacentes.

2. **Preguntas Efectivas:** Utilizar preguntas abiertas que promuevan la reflexión y la exploración de ideas y soluciones.

3. **Feedback Constructivo:** Ofrecer retroalimentación que sea específica, objetiva y orientada al crecimiento.

Desarrollando una Mentalidad de Coaching: Para ser un líder-coach efectivo, es crucial adoptar una mentalidad de coaching que valore la curiosidad, la apertura al cambio y la mejora continua. Esto implica estar dispuesto a aprender de los demás y a ver los errores como oportunidades de aprendizaje.

Implementando el Coaching en la Práctica Diaria: Los líderes pueden incorporar el coaching en su rutina diaria a través de reuniones individuales, sesiones de brainstorming y estableciendo objetivos de desarrollo personalizados para cada miembro del equipo.

Conclusión: Las habilidades de coaching son una herramienta poderosa para cualquier líder. Al desarrollar estas habilidades, los líderes pueden crear equipos más fuertes, resilientes y adaptativos, capaces de enfrentar los desafíos del futuro.

Capítulo 24: La Importancia de la Gratitud en el Liderazgo

Introducción

La gratitud es más que una cortesía; es una poderosa herramienta de liderazgo que puede transformar equipos y organizaciones. Este capítulo aborda cómo los líderes pueden cultivar y expresar gratitud para mejorar la moral, la colaboración y el rendimiento del equipo.

El Poder de la Gratitud: La gratitud en el liderazgo no solo reconoce el esfuerzo y el logro, sino que también fomenta un ambiente positivo y de apoyo. Los líderes que practican la gratitud inspiran lealtad y motivación, lo que lleva a un mayor compromiso y satisfacción en el trabajo.

Cultivando una Cultura de Gratitud:

1. **Reconocimiento Público:** Celebrar los éxitos y contribuciones de los miembros del equipo en reuniones o comunicaciones de la empresa.

2. **Apreciación Personalizada:** Ofrecer agradecimientos personalizados que reflejen el conocimiento de las contribuciones individuales.

3. **Prácticas de Gratitud Diarias:** Integrar momentos de gratitud en la rutina diaria, como agradecer a alguien cada día o mantener un diario de gratitud.

Gratitud y Resiliencia: La gratitud también juega un papel crucial en la resiliencia del equipo. Reconocer los desafíos superados y las lecciones aprendidas fortalece la capacidad del equipo para enfrentar futuros obstáculos.

Implementando Estrategias de Gratitud: Los líderes pueden implementar estrategias de gratitud mediante la capacitación, el coaching y el modelado de comportamientos. Esto incluye desde talleres de gratitud hasta sesiones de coaching donde se practiquen habilidades relacionadas con la gratitud.

Conclusión: La gratitud es una expresión de reconocimiento que va más allá de las palabras; es una acción que construye y mantiene relaciones sólidas. Como líderes y conferencistas motivacionales, debemos ser ejemplos de gratitud, mostrando cómo esta poderosa herramienta puede llevar a equipos más fuertes y exitosos.

Capítulo 25: Liderazgo y la Gestión del Estrés

Introducción

El estrés es un fenómeno omnipresente en el ámbito laboral moderno. Para los líderes, gestionar su propio estrés y el de sus equipos es crucial para mantener un entorno de trabajo saludable y productivo. Este capítulo explora las técnicas y estrategias que los líderes pueden emplear para manejar el estrés de manera efectiva.

Comprender el Estrés:

- **Definición y Causas:** Exploración de qué es el estrés y qué factores lo provocan en el contexto laboral.
- **Estrés Positivo vs. Negativo:** Diferenciación entre el eustrés que motiva y el distrés que paraliza.

El Impacto del Estrés en el Liderazgo:

- **Efectos en la Toma de Decisiones:** Cómo el estrés puede afectar el juicio y la capacidad de tomar decisiones claras.
- **Estrés y Comunicación:** El papel del estrés en la comunicación efectiva dentro de los equipos.

Herramientas de Autoevaluación:

- **Identificación de Síntomas:** Técnicas para reconocer signos de estrés en uno mismo y en los demás.
- **Evaluaciones y Encuestas:** Uso de herramientas para medir los niveles de estrés y su impacto.

Técnicas de Manejo del Estrés para Líderes:

- **Mindfulness y Meditación:** Implementación de prácticas de atención plena para reducir la ansiedad.
- **Gestión del Tiempo:** Estrategias para una eficiente gestión del tiempo que minimice el estrés.

- **Delegación Efectiva:** Aprender a delegar responsabilidades para evitar la sobrecarga de trabajo.

Fomentando la Resiliencia en los Equipos:

- **Capacitación en Resiliencia:** Desarrollo de programas para fortalecer la resiliencia del equipo.
- **Cultura de Apoyo:** Creación de un ambiente de trabajo que promueva el apoyo mutuo y la colaboración.

Estrategias Organizacionales:

- **Políticas de Bienestar:** Implementación de políticas que promuevan el bienestar y reduzcan el estrés laboral.
- **Recursos de Apoyo al Empleado:** Disponibilidad de recursos como asesoramiento y talleres de manejo del estrés.

Conclusión: El liderazgo efectivo requiere la habilidad de manejar el estrés propio y el de los demás. Al adoptar un enfoque proactivo y equipar a los líderes con las herramientas adecuadas, las organizaciones pueden cultivar un entorno de trabajo más saludable y resiliente.

Capítulo 26: La Importancia de la Disciplina Personal

Introducción

La disciplina personal es el fundamento sobre el cual se construyen grandes logros. Es la fuerza interna que te impulsa a hacer lo necesario en lugar de lo que es cómodo o conveniente. Este capítulo explora cómo la disciplina personal puede transformar tu vida, permitiéndote alcanzar tus metas y vivir de acuerdo con tus valores más profundos.

Definiendo la Disciplina Personal

Disciplina vs. Motivación: Mientras que la motivación puede fluctuar, la disciplina es constante. Es el compromiso a largo plazo con tus objetivos, independientemente de las emociones del momento.

Autodisciplina como Hábito: La disciplina personal es un hábito que se cultiva diariamente. Es la práctica de ejercer control sobre tus acciones, pensamientos y emociones para dirigir tu vida de manera intencional.

La Disciplina como Elección: Cada día, nos enfrentamos a decisiones que prueban nuestra disciplina. Elegir la opción que nos acerca a nuestros objetivos es un acto de autodisciplina.

Pilares de la Disciplina Personal

Claridad de Objetivos: Tener una visión clara de lo que quieres lograr es esencial. Define tus metas con precisión y establece planes de acción detallados para alcanzarlas.

Rutinas y Estructura: Las rutinas crean la estructura necesaria para la autodisciplina. Establece rutinas diarias que apoyen tus objetivos y te mantengan en el camino correcto.

Gestión del Tiempo: La disciplina personal requiere una gestión eficaz del tiempo. Aprende a priorizar tareas y a decir no a las distracciones que no contribuyen a tus metas.

Superando Obstáculos

Manejo de la Procrastinación: La procrastinación es el enemigo de la disciplina. Desarrolla estrategias para vencer la tendencia a posponer y mantén el enfoque en tus tareas más importantes.

Resiliencia ante el Fracaso: El camino hacia el éxito está lleno de fracasos. La disciplina personal te permite ver los fracasos como oportunidades de aprendizaje y seguir adelante.

Equilibrio entre Disciplina y Flexibilidad: Mientras que la disciplina es crucial, también es importante ser flexible. Adapta tus métodos y enfoques cuando las circunstancias cambien.

Capítulo 27: Desarrollando la Intuición para la Toma de Decisiones

Introducción

La intuición es una herramienta poderosa en la toma de decisiones. A menudo descrita como un "sexto sentido", la intuición puede ofrecer una guía invaluable cuando la lógica sola no es suficiente. Este capítulo se sumerge en cómo puedes afinar tu intuición y utilizarla para tomar decisiones más informadas y alineadas con tus valores más profundos.

Comprendiendo la Intuición

Intuición vs. Instinto: Mientras que el instinto es una respuesta biológica a un estímulo, la intuición es un conocimiento profundo que proviene de la experiencia y el aprendizaje.

El Papel del Subconsciente: Nuestro subconsciente procesa información mucho más rápido que nuestra mente consciente. Aprender a escuchar y confiar en estas señales puede mejorar nuestra toma de decisiones.

Intuición y Emoción: Distinguir entre una reacción emocional y una intuición genuina es clave. La intuición es una sensación tranquila y persistente, no una respuesta emocional aguda.

Cultivando la Intuición

Atención Plena y Meditación: La práctica de la atención plena y la meditación puede ayudar a calmar la mente y aclarar la intuición.

Experiencia y Reflexión: La intuición se fortalece con la experiencia. Reflexionar sobre decisiones pasadas y sus resultados puede ser un ejercicio valioso para desarrollar la intuición.

Escucha Activa: Aprender a escuchar no solo con los oídos sino con todo el ser puede abrir puertas a la intuición. La escucha activa implica estar completamente presente y receptivo a las señales sutiles.

Aplicando la Intuición en la Toma de Decisiones

Balance entre Razón e Intuición: La mejor toma de decisiones ocurre cuando la intuición y la razón trabajan juntas. Aprende a equilibrar estos dos aspectos para tomar decisiones más completas.

Confianza en Uno Mismo: Confiar en tu intuición requiere confianza en ti mismo. Fortalece tu autoconfianza para que puedas confiar en tus percepciones internas.

Intuición en el Liderazgo: Los líderes efectivos a menudo utilizan su intuición para guiar a sus equipos a través de situaciones inciertas o complejas.

Capítulo 28: Liderazgo en Tiempos de Crisis

Introducción

Los tiempos de crisis son el verdadero crisol para los líderes. Es en estos momentos difíciles donde el liderazgo auténtico se pone a prueba y se revela en toda su capacidad. Este capítulo aborda cómo los líderes pueden navegar por las aguas turbulentas de la crisis, manteniendo la calma, la claridad y la confianza, tanto en sí mismos como en sus equipos.

Entendiendo la Crisis

Naturaleza de la Crisis: Reconocer que la crisis puede surgir de muchas formas - económica, social, personal, o global - es el primer paso para manejarla efectivamente.

Impacto Emocional: Las crisis a menudo traen consigo un alto grado de incertidumbre y estrés. Comprender el impacto emocional en uno mismo y en los demás es crucial.

Oportunidades en la Crisis: Mientras que las crisis presentan desafíos, también pueden ser oportunidades para el crecimiento y la innovación.

Principios del Liderazgo en Crisis

Comunicación Clara y Transparente: En tiempos de crisis, una comunicación efectiva es más importante que nunca. Los líderes deben ser claros, honestos y consistentes en su comunicación.

Toma de Decisiones Decisiva: La capacidad de tomar decisiones rápidas y bien informadas es esencial. Los líderes deben equilibrar la agilidad con la diligencia.

Empatía y Apoyo: Mostrar empatía y ofrecer apoyo a los afectados por la crisis puede fortalecer la moral y fomentar la lealtad.

Estrategias para Manejar la Crisis

Evaluación de Riesgos y Planificación de Contingencia: Prepararse para lo peor mientras se espera lo mejor es una estrategia prudente. Los líderes deben evaluar los riesgos y tener planes de contingencia listos.

Liderazgo Colaborativo: Las crisis requieren un enfoque de equipo. Fomentar la colaboración y aprovechar las fortalezas colectivas puede llevar a soluciones innovadoras.

Resiliencia y Adaptabilidad: La capacidad de recuperarse y adaptarse rápidamente a las circunstancias cambiantes es una marca de un gran liderazgo.

Capítulo 29: La Importancia de la Humildad en el Liderazgo

Introducción

La humildad es una virtud a menudo subestimada en el liderazgo. En un mundo que premia la confianza y la asertividad, la humildad puede ser vista como una debilidad. Sin embargo, es precisamente esta cualidad la que puede hacer que un líder sea genuinamente grande. Este capítulo explora la humildad no como una limitación, sino como una poderosa herramienta de liderazgo.

Humildad: El Corazón del Liderazgo Servicial

Definiendo la Humildad: La humildad es el reconocimiento de nuestras propias limitaciones y la apertura para aprender de los demás. Es una disposición para poner las necesidades de otros antes que las propias ambiciones.

Liderazgo Servicial: El liderazgo servicial se centra en el bienestar y el crecimiento de los seguidores. Un líder humilde se dedica a servir a su equipo, no a mandarlo.

Beneficios de la Humildad: Los líderes humildes fomentan un ambiente de trabajo colaborativo y de apoyo. La humildad invita a la retroalimentación, promueve el aprendizaje y la adaptabilidad, y construye relaciones de confianza.

Humildad y Toma de Decisiones

Reconocimiento de la Contribución de Otros: Los líderes humildes valoran y reconocen las contribuciones de su equipo. Esto no solo mejora la moral, sino que también conduce a mejores decisiones colectivas.

Admitir Errores: Parte de la humildad es admitir errores y aprender de ellos. Un líder que puede hacer esto demuestra fortaleza y gana el respeto de su equipo.

Desarrollo de Otros: La humildad permite a los líderes centrarse en el desarrollo y el empoderamiento de sus seguidores, lo que lleva a un equipo más fuerte y capaz.

Cultivando la Humildad en la Práctica del Liderazgo

Auto-reflexión y Auto-conocimiento: La auto-reflexión regular es clave para mantenerse humilde. Conocer tus propias fortalezas y debilidades te permite liderar con mayor autenticidad.

Escuchar Activamente: La humildad se manifiesta en la capacidad de escuchar activamente. Los líderes humildes buscan entender realmente las perspectivas de los demás.

Mentoría y Aprendizaje Continuo: Un líder humilde es un aprendiz de por vida. Buscan mentores y oportunidades de aprendizaje para mejorar constantemente.

Desafíos y Recompensas de la Humildad en el Liderazgo

Equilibrio entre Humildad y Confianza: Encontrar el equilibrio adecuado entre ser humilde y proyectar confianza es un desafío para muchos líderes.

Humildad y Autoridad: Mantener la autoridad mientras se es humilde es otro desafío. Los líderes deben aprender a ejercer su autoridad sin arrogancia.

Recompensas de la Humildad: A pesar de los desafíos, la humildad trae consigo recompensas significativas. Equipos más unidos, decisiones más sabias y un liderazgo más efectivo son solo algunas de ellas.

Capítulo 30: Desarrollando la Capacidad de Influir sin Autoridad

Introducción

Influir sin autoridad es una habilidad crucial en el mundo interconectado de hoy. Ya sea en el trabajo, en la comunidad o en las relaciones personales, la capacidad de influir en los demás sin depender del poder jerárquico es una marca de liderazgo verdadero y efectivo. Este capítulo se centra en cómo puedes desarrollar esta habilidad para lograr resultados positivos y construir relaciones sólidas.

Entendiendo la Influencia sin Autoridad

Influencia vs. Poder: La influencia es la habilidad de guiar las decisiones y comportamientos de otros, mientras que el poder se basa en la autoridad formal. La influencia es más sutil y, a menudo, más efectiva.

La Psicología de la Influencia: Comprender los factores que motivan a las personas y cómo perciben la autoridad es esencial para influir efectivamente sin ejercer poder.

El Rol de la Credibilidad: La credibilidad es la moneda de la influencia. Construir y mantener la credibilidad es fundamental para ser influyente sin autoridad.

Estrategias para Influir sin Autoridad

Construir Relaciones: Las relaciones sólidas son la base de la influencia. Invertir tiempo en conocer y entender a las personas aumenta tu capacidad de influir en ellas.

Comunicación Efectiva: La habilidad para comunicar ideas clara y convincentemente es clave. La influencia a menudo comienza con la capacidad de presentar tus ideas de manera que resuene con los demás.

Escucha Activa y Empatía: Mostrar genuino interés y comprensión por las perspectivas de otros te permite influir en ellos de manera más efectiva.

Aplicando la Influencia en Diversos Contextos

En el Lugar de Trabajo: Aprende a influir en colegas y superiores para promover la colaboración y la innovación.

En la Comunidad: Utiliza la influencia para movilizar recursos y apoyo para causas comunitarias.

En las Redes Sociales: Amplía tu alcance e influencia a través de plataformas digitales, donde la autoridad formal es menos relevante.

Desafíos y Ética de la Influencia

Navegando por la Política Organizacional: La influencia sin autoridad puede ser complicada en entornos altamente jerárquicos. Aprender a navegar por la política organizacional es crucial.

Manteniendo la Integridad: Es importante influir sin manipular. La integridad y la ética deben ser centrales en tus esfuerzos por influir en los demás.

Balanceando Influencia y Colaboración: Mientras buscas influir, también debes estar abierto a ser influenciado. El equilibrio entre dar y recibir es esencial para relaciones mutuamente beneficiosas.

Capítulo 31: La Importancia de la Claridad y la Simplicidad

Introducción

En un mundo cada vez más complejo y saturado de información, la claridad y la simplicidad se han convertido en elementos esenciales para el liderazgo efectivo. Estas cualidades no solo mejoran la comunicación y la toma de decisiones, sino que también facilitan la comprensión y la ejecución de estrategias. Este capítulo explora cómo los líderes pueden aplicar la claridad y la simplicidad para mejorar su influencia y eficacia.

Claridad en el Pensamiento y la Comunicación

Definición de Claridad: La claridad implica ser entendido fácilmente. Un pensamiento claro conduce a una comunicación clara, lo que es fundamental para el liderazgo.

Técnicas para Mejorar la Claridad: Utilizar lenguaje sencillo, estructurar la información de manera lógica y evitar la jerga son técnicas clave para mejorar la claridad.

Beneficios de la Claridad: La claridad permite a los equipos entender rápidamente los objetivos y las expectativas, lo que lleva a una mejor alineación y ejecución.

La Simplicidad en la Estrategia y la Ejecución

Definición de Simplicidad: La simplicidad es la práctica de hacer que algo sea tan eficiente y libre de excesos como sea posible.

Estrategias para Simplificar: Identificar y eliminar procesos innecesarios, concentrarse en lo esencial y delegar efectivamente son estrategias para simplificar.

Impacto de la Simplicidad: La simplicidad en la estrategia y la ejecución puede conducir a una mayor agilidad y capacidad de adaptación.

Aplicando Claridad y Simplicidad en el Liderazgo

Modelado de Comportamiento: Los líderes deben modelar la claridad y la simplicidad en su propio comportamiento para inspirar a otros a hacer lo mismo.

Desarrollo de Equipos: Fomentar un entorno donde la claridad y la simplicidad sean valoradas puede mejorar la colaboración y la innovación.

Gestión del Cambio: Aplicar claridad y simplicidad en la gestión del cambio puede facilitar la transición y la aceptación por parte de los equipos.

Desafíos y Consideraciones

Equilibrio entre Simplicidad y Profundidad: Encontrar el equilibrio entre mantener las cosas simples y no oversimplificar es un desafío para los líderes.

Claridad en Tiempos de Incertidumbre: Mantener la claridad cuando hay incertidumbre requiere una comunicación constante y transparente.

Cultura Organizacional: La cultura organizacional puede resistirse a la simplicidad si está acostumbrada a la complejidad. Los líderes deben trabajar para cambiar esta mentalidad.

Capítulo 32: Desarrollando la Paciencia Estratégica

Introducción

La paciencia estratégica es una virtud esencial en el liderazgo y la vida personal. No se trata simplemente de esperar, sino de hacerlo con un propósito y una comprensión de que el tiempo puede ser un aliado poderoso. Este capítulo explora cómo cultivar la paciencia estratégica y aplicarla para lograr objetivos a largo plazo y superar desafíos.

Comprendiendo la Paciencia Estratégica

Definición de Paciencia Estratégica: La paciencia estratégica es la capacidad de tolerar retrasos o contratiempos mientras se mantiene enfocado en los objetivos a largo plazo.

La Paciencia como Recurso: La paciencia es un recurso que, cuando se utiliza estratégicamente, puede llevar a decisiones más informadas y resultados más exitosos.

Beneficios de la Paciencia Estratégica: La paciencia estratégica permite una mejor evaluación de las situaciones, reduce la toma de decisiones impulsivas y puede generar respeto y confianza en los demás.

Desarrollando la Paciencia Estratégica

Autoconciencia y Control Emocional: El desarrollo de la autoconciencia y el control emocional son fundamentales para la paciencia estratégica. Reconocer y gestionar tus emociones te permite mantener la calma y la claridad.

Establecimiento de Metas y Planificación: Establecer metas claras y un plan de acción detallado puede ayudarte a mantener la paciencia al proporcionar una hoja de ruta para el éxito.

Técnicas de Manejo del Estrés: Aprender y practicar técnicas de manejo del estrés como la meditación, el ejercicio y la respiración consciente puede mejorar la capacidad de ser paciente.

Aplicando la Paciencia Estratégica

En el Liderazgo: Los líderes con paciencia estratégica pueden guiar a sus equipos a través de períodos de incertidumbre y cambio, manteniendo la visión a largo plazo.

En la Toma de Decisiones: La paciencia estratégica te permite tomar decisiones más informadas, esperando la información adecuada y el momento oportuno.

En la Vida Personal: Aplicar la paciencia estratégica en la vida personal puede llevar a relaciones más profundas y satisfacción personal.

Desafíos y Superación

Cultura de la Inmediatez: Vivimos en una cultura que valora la velocidad y la inmediatez. Aprender a resistir esta presión y mantener la paciencia es un desafío.

Equilibrio entre Paciencia y Acción: Encontrar el equilibrio entre ser paciente y tomar acción es crucial. La paciencia estratégica no es inacción, sino acción informada y oportuna.

Paciencia y Perseverancia: La paciencia estratégica está estrechamente ligada a la perseverancia. Desarrollar ambas cualidades es esencial para superar obstáculos y alcanzar el éxito.

Capítulo 33: Liderazgo y la Importancia de la Pasión

Introducción

La pasión es el combustible que impulsa a los líderes a alcanzar la excelencia y a inspirar a otros a seguir su visión. No se trata solo de entusiasmo o energía, sino de un compromiso profundo con un propósito que trasciende los intereses personales. Este capítulo examina cómo la pasión en el liderazgo puede ser un poderoso catalizador para el cambio y la innovación.

La Pasión como Piedra Angular del Liderazgo

Definición de Pasión: La pasión es una intensa emoción que motiva y da dirección a nuestras acciones. En el liderazgo, es lo que impulsa la perseverancia y la dedicación.

Identificando tu Pasión: Comprender lo que te apasiona es el primer paso para integrar esa pasión en tu liderazgo. La autoexploración y la reflexión pueden ayudar a identificar tus verdaderas pasiones.

Pasión y Visión: La pasión es contagiosa y puede infundir una visión compartida que moviliza a las personas hacia un objetivo común.

Cultivando la Pasión en Ti Mismo y en Otros

Desarrollo Personal: La pasión se nutre a través del crecimiento personal y profesional. Los líderes deben buscar continuamente oportunidades para expandir sus habilidades y conocimientos.

Inspirando Pasión en el Equipo: Los líderes pueden inspirar pasión en sus equipos alineando los objetivos de la organización con los intereses y motivaciones individuales.

Reconocimiento y Celebración: Celebrar los logros y reconocer el esfuerzo fomenta la pasión y el compromiso dentro de un equipo.

La Pasión y su Impacto en la Cultura Organizacional

Cultura de Pasión: Una cultura organizacional que valora la pasión fomenta la innovación y la creatividad. Los líderes deben trabajar para crear un entorno que apoye y aliente la pasión.

Pasión y Ética de Trabajo: La pasión puede llevar a una ética de trabajo sólida y a un compromiso con la excelencia. Los líderes deben modelar este comportamiento para establecer un estándar alto.

Gestión de la Pasión: Mientras que la pasión es beneficiosa, también debe ser gestionada para evitar el agotamiento. Los líderes deben equilibrar la pasión con el bienestar y la sostenibilidad.

Desafíos y Recompensas de la Pasión en el Liderazgo

Equilibrio entre Pasión y Pragmatismo: Los líderes deben encontrar un equilibrio entre seguir su pasión y ser pragmáticos en sus decisiones y estrategias.

Pasión y Resiliencia: La pasión puede ser una fuente de resiliencia en tiempos difíciles. Los líderes deben cultivar la pasión como un recurso para superar los desafíos.

Pasión y Legado: La pasión en el liderazgo no solo afecta el presente, sino que también puede dejar un legado duradero. Los líderes deben considerar cómo su pasión influirá en el futuro de su organización.

Capítulo 34: La Importancia de la Consistencia en el Liderazgo

Introducción

La consistencia es un pilar fundamental del liderazgo efectivo. No solo proporciona un sentido de estabilidad y previsibilidad en las organizaciones, sino que también fortalece la confianza y la credibilidad de un líder. Este capítulo desglosa cómo la consistencia impacta en todas las áreas del liderazgo y cómo los líderes pueden cultivarla para mejorar su influencia y eficacia.

La Consistencia como Fundamento del Liderazgo

Definición de Consistencia: La consistencia en el liderazgo se refiere a la alineación entre palabras y acciones, así como a la regularidad en el comportamiento y las decisiones.

Consistencia y Confianza: La consistencia es esencial para construir y mantener la confianza. Los seguidores confían en líderes que son predecibles en sus principios y acciones.

Consistencia y Cultura Organizacional: Un liderazgo consistente establece las normas y expectativas que forman la cultura de una organización.

Desarrollando Consistencia en el Liderazgo

Auto-disciplina y Rutinas: La auto-disciplina y el establecimiento de rutinas son claves para desarrollar la consistencia. Los líderes deben practicar lo que predican y ser modelos a seguir.

Comunicación Clara y Transparente: Mantener una comunicación clara y transparente ayuda a los líderes a ser consistentes en su mensaje y dirección.

Gestión de Expectativas: Establecer y gestionar expectativas claras con el equipo asegura que todos estén alineados y comprendan los objetivos comunes.

Aplicando la Consistencia en la Práctica del Liderazgo

En la Toma de Decisiones: La consistencia en la toma de decisiones refuerza la confianza en el liderazgo y permite que los equipos se adapten y respondan de manera efectiva.

En el Manejo de Conflictos: Ser consistente en el manejo de conflictos demuestra imparcialidad y justicia, lo cual es crucial para mantener la moral y el respeto.

En el Desarrollo de Equipos: La consistencia en el desarrollo y la capacitación de equipos asegura el crecimiento y la mejora continua.

Desafíos y Estrategias para Mantener la Consistencia

Cambios y Adaptabilidad: Los líderes deben equilibrar la necesidad de consistencia con la capacidad de adaptarse a los cambios. La flexibilidad no debe comprometer la consistencia fundamental.

Consistencia vs. Rigidez: Evitar la rigidez es importante; la consistencia no significa inflexibilidad. Los líderes deben ser consistentes en sus valores, pero flexibles en su enfoque.

Evaluación y Retroalimentación: La autoevaluación regular y la búsqueda de retroalimentación pueden ayudar a los líderes a mantenerse en el camino de la consistencia.

Capítulo 35: Desarrollando la Habilidad de Escuchar Activamente

Introducción

La habilidad de escuchar activamente es una de las herramientas más poderosas en el arsenal de un líder. No se trata solo de oír las palabras que se dicen, sino de entender completamente el mensaje que se transmite. Este capítulo se centra en cómo los líderes pueden desarrollar y perfeccionar la habilidad de escuchar activamente para mejorar la comunicación, las relaciones y la toma de decisiones.

La Escucha Activa en el Núcleo del Liderazgo Efectivo

Definición de Escucha Activa: La escucha activa implica prestar atención completa al hablante, comprender su mensaje, responder adecuadamente y retener la información.

Beneficios de la Escucha Activa: Mejora la comprensión, fomenta la confianza y el respeto, y promueve un ambiente de apertura y honestidad.

Escucha Activa vs. Escucha Pasiva: A diferencia de la escucha pasiva, la escucha activa es un proceso dinámico que requiere esfuerzo consciente y participación.

Desarrollando la Escucha Activa

Conciencia de Barreras: Identificar y superar barreras personales como prejuicios, distracciones y juicios prematuros es esencial para la escucha activa.

Habilidades Clave: Desarrollar habilidades como la paciencia, la empatía y la concentración son fundamentales para convertirse en un oyente activo.

Práctica y Retroalimentación: La práctica constante y la búsqueda de retroalimentación pueden mejorar significativamente la habilidad de escuchar activamente.

Aplicando la Escucha Activa en Diversos Contextos

En el Liderazgo de Equipos: Utilizar la escucha activa para entender las necesidades y preocupaciones del equipo puede llevar a una mejor gestión y liderazgo.

En la Resolución de Conflictos: La escucha activa es crucial en la resolución de conflictos, ya que permite a todas las partes sentirse escuchadas y comprendidas.

En la Toma de Decisiones: Tomar decisiones informadas requiere escuchar activamente todas las perspectivas y considerarlas cuidadosamente.

Desafíos y Estrategias para Mejorar la Escucha Activa

Multitarea y Distracciones: En un mundo lleno de distracciones, aprender a enfocarse únicamente en el hablante es un desafío que los líderes deben superar.

Desarrollo de la Paciencia: La paciencia es vital para la escucha activa. Los líderes deben trabajar en desarrollar la paciencia para escuchar sin interrumpir o apresurar al hablante.

Feedback Constructivo: Dar y recibir feedback constructivo puede ayudar a identificar áreas de mejora en la escucha activa.

Capítulo 36: La Importancia de la Flexibilidad y la Apertura al Cambio

Introducción

En un mundo que cambia a un ritmo sin precedentes, la flexibilidad y la apertura al cambio no son solo cualidades deseables, sino esenciales para el liderazgo efectivo. Estas características permiten a los líderes adaptarse y prosperar en entornos dinámicos y a menudo inciertos. Este capítulo explora cómo la flexibilidad y la apertura al cambio pueden ser cultivadas y aplicadas para liderar con éxito en la era moderna.

Flexibilidad: La Capacidad de Adaptarse

Definición de Flexibilidad: La flexibilidad es la habilidad de cambiar o ser cambiado fácilmente para adaptarse a nuevas circunstancias.

Flexibilidad y Creatividad: La flexibilidad fomenta la creatividad, permitiendo a los líderes pensar en soluciones innovadoras y fuera de lo común.

La Flexibilidad como Ventaja Competitiva: En el mercado actual, la flexibilidad puede ser una ventaja competitiva significativa, permitiendo a las organizaciones moverse rápidamente y capitalizar nuevas oportunidades.

Apertura al Cambio: Aceptar lo Nuevo

Definición de Apertura al Cambio: La apertura al cambio implica una disposición positiva hacia la transformación y la evolución, tanto personal como organizacional.

Apertura al Cambio y Aprendizaje: La apertura al cambio está intrínsecamente ligada al aprendizaje continuo. Los líderes que abrazan el cambio son a menudo aprendices de por vida.

Gestión del Cambio: La apertura al cambio es crucial para la gestión efectiva del cambio, asegurando que las transiciones se manejen de manera que apoyen el crecimiento y el desarrollo.

Desarrollando Flexibilidad y Apertura al Cambio

Cultivar una Mentalidad de Crecimiento: Una mentalidad de crecimiento es la base para desarrollar tanto la flexibilidad como la apertura al cambio.

Estrategias de Adaptabilidad: Desarrollar estrategias para adaptarse a diferentes situaciones ayuda a los líderes a mantenerse flexibles y abiertos al cambio.

Práctica y Experiencia: La exposición a diversas situaciones y la práctica consciente de la adaptabilidad mejoran la flexibilidad y la apertura al cambio.

Desafíos y Estrategias para Mantener la Flexibilidad y la Apertura al Cambio

Superar la Resistencia al Cambio: La resistencia al cambio es un desafío común. Los líderes deben encontrar maneras de superar esta resistencia y fomentar una cultura de adaptabilidad.

Equilibrio entre Estabilidad y Cambio: Encontrar el equilibrio adecuado entre la estabilidad y el cambio es esencial para evitar la disrupción innecesaria.

Comunicación y Colaboración: La comunicación efectiva y la colaboración son fundamentales para facilitar la flexibilidad y la apertura al cambio en toda la organización.

Capítulo 37: Desarrollando la Habilidad de Reconocer y Celebrar Logros

Introducción

El reconocimiento y la celebración de logros son aspectos cruciales del liderazgo que contribuyen significativamente a la motivación y la moral del equipo. Este capítulo se centra en cómo los líderes pueden desarrollar la habilidad de identificar y celebrar tanto los grandes éxitos como los pequeños triunfos, creando una cultura de aprecio y reconocimiento.

La Importancia del Reconocimiento

Definición de Reconocimiento: El reconocimiento implica la validación y apreciación de los esfuerzos y logros de los individuos y equipos.

Impacto del Reconocimiento en la Motivación: El reconocimiento adecuado puede aumentar la motivación y el compromiso, y fomentar la repetición de comportamientos positivos.

Reconocimiento y Retención de Talentos: Una cultura de reconocimiento puede mejorar la retención de talentos al hacer que los empleados se sientan valorados y parte de algo más grande que ellos mismos.

Desarrollando la Habilidad de Reconocer

Observación Activa y Atención a los Detalles: Los líderes deben desarrollar la habilidad de observar activamente y prestar atención a los detalles para identificar logros dignos de reconocimiento.

Comunicación Efectiva del Reconocimiento: Aprender a comunicar el reconocimiento de manera efectiva, ya sea públicamente o en privado, es esencial para que el reconocimiento sea significativo.

Personalización del Reconocimiento: Personalizar el reconocimiento para que se alinee con lo que es importante para el individuo puede hacer que el reconocimiento sea más impactante.

Celebrando Logros

Planificación de Celebraciones: Planificar y ejecutar celebraciones que reflejen la importancia de los logros y que sean inclusivas para todo el equipo.

Celebraciones Consistentes y Oportunas: La consistencia y la oportunidad en la celebración de logros aseguran que el reconocimiento sea relevante y oportuno.

Incorporación de Retroalimentación: Incluir retroalimentación constructiva junto con el reconocimiento puede proporcionar una oportunidad para el crecimiento y el desarrollo continuo.

Desafíos y Estrategias para el Reconocimiento y la Celebración

Evitar el Favoritismo: Los líderes deben ser conscientes de evitar el favoritismo y asegurarse de que el reconocimiento sea justo y equitativo.

Reconocimiento en Tiempos Difíciles: Encontrar razones para celebrar y reconocer logros incluso en tiempos difíciles puede ser un desafío, pero es crucial para mantener la moral alta.

Medición del Impacto del Reconocimiento: Desarrollar métodos para medir el impacto del reconocimiento en la moral y la productividad puede ayudar a ajustar las estrategias de reconocimiento y celebración.

www.ingramcontent.com/pod-product-compliance
Lightning Source LLC
Chambersburg PA
CBHW050013230526
45470CB00003B/946